Kai Gondlach

Rezension zu "Schmidt, Manfred G., Das politische System Deutschlands"

GRIN Verlag

Bibliografische Information der Deutschen Nationalbibliothek:

Die Deutsche Bibliothek verzeichnet diese Publikation in der Deutschen National-
bibliografie; detaillierte bibliografische Daten sind im Internet über http://dnb.d-
nb.de/ abrufbar.

Impressum:

Copyright © 2008 GRIN Verlag GmbH
Druck und Bindung: Books on Demand GmbH, Norderstedt Germany
ISBN: 978-3-640-41004-0

Dieses Buch bei GRIN:

http://www.grin.com/de/e-book/135630/rezension-zu-schmidt-manfred-g-das-poli-
tische-system-deutschlands

GRIN - Your knowledge has value

Der GRIN Verlag publiziert seit 1998 wissenschaftliche Arbeiten von Studenten, Hochschullehrern und anderen Akademikern als eBook und gedrucktes Buch. Die Verlagswebsite www.grin.com ist die ideale Plattform zur Veröffentlichung von Hausarbeiten, Abschlussarbeiten, wissenschaftlichen Aufsätzen, Dissertationen und Fachbüchern.

Besuchen Sie uns im Internet:

http://www.grin.com/

http://www.facebook.com/grincom

http://www.twitter.com/grin_com

Das politische System Deutschlands

Rezension

Proseminar: Das politische System der Bundesrepublik Deutschland im europäischen Kontext
Wirtschafts- und Sozialwissenschaftliche Fakultät, Universität Potsdam
Wintersemester 2008 / 2009

Verfasser: Kai Gondlach
16. Dezember 2008

Die vorliegende Rezension beschäftigt sich mit dem bekannten Einführungswerk zum politischen System in Deutschland von Manfred G. Schmidt und versucht, im Stile eines Exzerpts den Inhalt teilweise kommentiert wiederzugeben. Der erste Teil wird ausführlicher dargestellt, einige Kapitel des zweiten Teils werden sehr stark komprimiert. Abgesehen von einem Lexikonartikel (siehe Literaturverzeichnis) wurde keine weitere Literatur hinzugezogen.

Manfred G. Schmidt analysiert in dem Band „Das politische System Deutschlands" die Institutionen, Willensbildung sowie Politikfelder in der parlamentarischen Demokratie der Bundesrepublik Deutschland. Neben der Betrachtung auf dem Hintergrund der Geschichte Deutschlands vergleich der Autor das System mit anderen Demokratien nicht nur auf Grundlage der eigenen Ansichter und früheren Werke, sondern diskutiert eine Vielzahl politik- und gesellschaftswissenschaftlicher Näherungsweisen. Schließlich kommt Schmidt dabei zu einer Bilanz, die sich im internationaler Vergleich sowie trotz den Kritiken der Anfangsjahre der Republik sehen lassen kann.

Das Einführungswerk ist gegliedert in 19 Kapitel, die durch drei große thematische Teile gruppiert sind: die Staatsverfassung (I), Außen- und innenpolitische Politikfelder und das Verhalten der Regierungen (II) und schließlich Leistungen und Mängel (III), die sich aus den ersten beiden Teilen ergeben. Eingeleitet wird das Werk vom Autor, indem er seine Intention, den Gegenstand seiner Untersuchungen und schließlich die Zielgruppe definiert. Die Absicht des Autors ist es, auf der Grundlage der dargelegten Untersuchungen die politischen Abläufe, Institutionen und Inhalte der Bundespolitik im nunmehr seit fast 50 Jahren stabilen Staat zu bewerten.

Im ersten Kapitel behandelt der Autor die Staatsverfassung der Bundesrepublik Deutschland unter Berücksichtigung der turbulenten Geschichte, insbesondere der in den Jahren 1933-1945 herrschenden Diktatur der Nationalsozialisten. Das Verhalten der Besatzungsmächte und insbesondere deren Sendungsbewusstsein prägte das Grundgesetz im Westen stark, allerdings wurden auch alttradierte Grundzüge des deutschen „Feindstaats" gewürdigt und eingearbeitet. In der sowjetischen Besatzungszone wurde im selben Jahr der Gründung der Bundesrepublik Deutschland die Deutsche Demokratische Republik ausgerufen, welche aber im vorliegenden Werk nicht näher analysiert wird.

Die Ausarbeitung der Verfassung erfolgte hauptsächlich unabhängig von den Besatzern, lediglich sechs grundlegende Vorgaben mussten befolgt werden: „Rechtsstaat, Republik, Demokratie, Bundesstaat, Sozialstaat, ‚offener Staat'" (Schmidt 2007:26). Im Folgenden erläutert der Autor die nähere Bedeutung der Begriffe und bevor er zur kontroversen Erörterung der Resultate der Staatsverfassung kommt, wird flüchtig der Verlauf Deutschlands als gespaltene Nation mit eingeschränktem Souveränitätsstatus bis 1990 skizziert. Das Überwiegen an positiven Bewertungen des Grundgesetzes gegenüber den negativen spricht für den Begriff der „Erfolgsgeschichte" (Schmidt 2007:16).

Zum Teil vorgreifend stellt Schmidt im sechsten und letzten Unterkapitel sieben Hauptmerkmale der Strukturen in der Bundesrepublik Deutschland heraus: Es liegt eine Mischung aus mehrheits- und konkordanzdemokratischer Regelsysteme vor, zahlreiche Mechanismen zur Aufteilung von Macht funktionieren. Ferner herrscht eine gewisse Halbsouveränität infolge der absoluten Vorrangstellung der Verfassung und Souveränitätstransfers an inter- und supranationale Organisationen wie beispielsweise die EU (mit der gleichen Argumentation begründet Schmidt den „offenen Staat", der hauptsächlich für die Reintegration Deutschlands in die westliche Welt verantwortlich ist), und Dauerstress für alle politisch Beteiligten aufgrund der überdurchschnittlich vielen Vetospieler und Mitregenten neben den Parteien. Die letzten beiden Punkte sind Kompetenzverlagerungen auf gesellschaftliche Assoziationen, sowie die Existenz eines „Staat[s] der großen Koalition", der sich durch die Notwendigkeit der Konsensfindung zwischen den beiden großen Parteien in Deutschland – SPD und die Unionsparteien CDU/CSU – auszeichnet (Schmidt 2007:40ff.).

Das zweite Kapitel untersucht die verfassungsrechtlichen Vorgaben zum Wahlrecht und die Verfassungswirklichkeit. Zur Veranschaulichung holt Schmidt bis zur griechischen Antike aus, erläutert dann das Wahlsystem in der Bundesrepublik seit 1949, insbesondere bei Bundestagswahlen, und listet verschiedene Ausformungen der Verhältniswahl im Kontrast zur Mehrheitswahl auf. Schmidt kritisiert zum Einen den Umgang mit Überhangmandaten und außerdem die überdurchschnittlich starke Stellung der politischen Parteien bei der Auswahl der Kandidaten, die auf der starren Liste zur Wahl stehen, was zu einem deutlichen Demokratieverlust führt. Schließlich bezieht der Autor insofern Stellung, als er verschiedene positive und negative Kritikpunkte am Wahlsystem darstellt, insgesamt aber zu dem Schluss kommt, dass das deutsche Wahlsystem insgesamt stabil und gerecht ist und die „wichtigsten Gütekriterien [...] erfüllt" (Schmidt 2007:52) werden. Die Idee einer Wahlrechtsreform wird als unwahrscheinlich eingestuft.

Kapitel drei setzt sich mit dem deutschen Durchschnittswähler auseinander. Von der sozialen Zusammensetzung der Wählerschaft über die im internationalen Vergleich überdurchschnittlich hohe Wahlbeteiligung von 84,6 % (zwischen 1949 und 2005) zeigt Schmidt den Wandel vom Drei-Parteien- zum Sechs-Parteien-System im Laufe der Geschichte der Bundesrepublik mit tendenzieller Entwicklung von den bürgerlichen zu den Mitte-links bis Linksparteien, was ebenfalls eine Seltenheit in Europa ist. Besonders nach der Wiedervereinigung 1990 lassen sich große Unterschiede

innerhalb der Wählerschaft feststellen. Zu den wichtigsten Folgen im Wähler- und Parteiengefüg
der Bundesrepublik gehört die Wanderung auf der ideologischen Achse von Mitte-rechts zu Mitt
links-Parteien sowie die Gründung einer neuen Partei Bündnis'90 / Die Grünen, die fortan ein
wichtige Rolle in der Politik spielte und zwischen 1998 und 2005 sogar an der Bundesregierun
beteiligt war.

In Teil fünf und sechs des dritten Kapitels werden die Milieubindungen sowie Parteiidentifikatio
als Entscheidungsfaktor bei der Stimmenabgabe bei Bundestagswahlen und abschließend Bundes
tags- und Landtagswahlen im nationalen Vergleich analysiert. Ein Ergebnis ist, dass Landespolitik i
der Regel keinen großen Einfluss auf Bundespolitik hat, mit der großen Ausnahme der Mitwirkun
der Exekutiven der Länder im Bundesrat.

Das vierte Kapitel behandelt die Parteienlandschaft der Bundesrepublik unter besonderer Be
obachtung der These vom „Parteienstaat", in welchem die Parteien eine Monopolstellung bei der
Interessenvermittlung zwischen Staat und Bürgern sowie bei der Rekrutierung von Führungsper-
sonal einnehmen, was sich in Deutschland speziell durch den geringen Anteil fraktionsloser Parla-
mentarier auszeichnet. Die Untersuchung der Parteien erfolgt hauptsächlich auf historisch-
ideologischer Ebene, an deren Ende der Autor eine abstrakte Kurzformel für jede Partei formuliert.

Das Parteiensystem Deutschlands ist geprägt durch eine „große politisch-ideologische Spannwei-
te" (Schmidt 2007:101), besonders seit dem Fall der Mauer und der Wiedereingliederung der östli-
chen Bundesländer. Die relativ hohe Mitte-Lastigkeit der Parteienlandschaft führt zum Einen zu
einer hohen Koalitionsfähigkeit bei Regierungsbildungen insbesondere auf Länderebene und außerdem zu den bisher stets geglückten Regierungswechseln. Während die beiden größten Partei-
enformationen (Unionsparteien CDU/CSU sowie die SPD) sozialstaatsfreundliche Programme haben, was die Ausformung des Sozialstaats begünstigt, fehlen systemgegnerische Parteien gänzlich,
was ebenso bezeichnend wie selten im internationalen Vergleich ist. Die Beobachtung der Politik-
inhalte der Parteien zeigt das Fehlen grundlegender Unterschiede zwischen den Parteien. Lediglich
in einigen Politikfeldern gehen die Ansichten stärker auseinander, beispielsweise bei der Wirt-
schafts- und Sozialpolitik. Im Wesentlichen lassen sich die sechs Parteien in zwei Gruppen trennen;
die Linksparteien (SPD, B'90 / Grüne und Die Linke.PDS) auf der einen und die bürgerlichen Partei-
en (Unionsparteien und FDP) auf der anderen Seite – diese Teilung schließt Koalitionsbildung zwischen den Gruppen allerdings nicht aus, was sich besonders anhand der Koalition der SPD mit der
FDP zwischen 1969 und 1982 sowie den beiden Großen Koalitionen (1966-1969 und seit 2005)
zeigt.

Das fünfte Kapitel erforscht die Interessenvermittlung zwischen den Bürgern und dem Staat insbesondere durch Vereine und Verbände, deren Organisationsstrukturen stark durch traditionelle Weichenstellungen seit dem 19. Jahrhundert geprägt sind. Ein Großteil der deutschen Bundesbürger ist demnach in Vereinen organisiert, im Westen ausgeprägter als im Osten. Ganz besonders würdigt Manfred Schmidt die größten Interessenvereinigungen (Wirtschaftsverbände, Gewerkschaften, Kirchen, Bauernverbände), welche seit Gründung der BRD als „Mitregenten" agieren, da sie im Wesentlichen das Sprachrohr der Gesellschaft und Wirtschaft zum Staat symbolisieren. Allerdings stellt Schmidt fest, dass der Einfluss der großen Interessenverbände nachgelassen hat, was insbesondere auf den Wertewandel sowie die Globalisierung und das dadurch resultierende Hinzukommen vieler externer Mitregenten zurückzuführen sei. Die These von der „Herrschaft der Verbände" (Schmidt 2007:123ff.) wird kurz diskutiert, was unweigerlich zur Auseinandersetzung mit dem System der Interessenvermittlung in Deutschland führt: es liegt eine Mischform aus pluralistischer und korporatistischer Vermittlung vor. Das bedeutet im Einzelnen, dass Interessenverbände zwar einen ausgeprägten Einfluss auf die Politik haben, die Regierungen aber insgesamt am längeren Hebel sitzen und auch gegen die Verbände entscheiden können.

Im sechsten Kapitel setzt sich der Autor mit der Befürchtung noch vor der Gründung der BRD auseinander, dass ein parlamentarisches Regierungssystem in Deutschland keine Wurzeln schlagen könne. Die penible Aufgliederung des Bundestags, seiner Mitglieder, der verfassungsrechtlichen Vorgaben und der Verfassungswirklichkeit zeigt die grundsätzliche Offenheit des Parlaments für Bürger aus allen sozialen und beruflichen Schichten. Begründet wird das vorherrschende System hauptsächlich durch die Historie Deutschlands und die daher verfassungsrechtliche Notwendigkeit zur Verhinderung von Machtkonzentration. Eine weitere Folge dieser Vorgaben stellt die Komplexität der Abstimmungsmodalitäten im Bundestag dar, die je nach Abstimmungsgegenstand die Entscheidungskompetenzen auf die Regierung, den Bundestag und den Bundesrat verteilt.

Auf Grundlage der ausführlichen Analyse der Funktionen des Bundestages (Wahlfunktion, Gesetzgebung, Kontrollfunktion, Interessenartikulation und Kommunikation sowie Oppositionsfunktion) kommt Schmidt zu dem insgesamt positiven Urteil, dass der Bundestag ein durchaus produktives Parlament darstellt, das zwar durch eine hohe Anzahl an Mitregenten und Vetospieler in seiner Souveränität eingeschränkt ist, aber bislang stets zuverlässig arbeitete.

Das Regieren im verfassungsrechtlichen und institutionellen Rahmen des „halbsouveränen Staat[es]" wird im siebten Kapitel thematisiert. Die Auseinandersetzung mit der „doppelköpfigen Exekutive" (Schmidt 2007:163), also Amt und Person des Bundeskanzlers als Regierungschef sowie des Bundespräsidenten als Staatsoberhaupt, steht dabei im Vordergrund, wobei im internationa len Vergleich besonders auffällt, dass zwischen 1949 und 2005 mit acht Regierungschefs nur ein sehr geringe Fluktuation besteht. Der durch den Regierungsstil des ersten Bundeskanzlers Konra Adenauer geprägte Begriff der „Kanzlerdemokratie" ist sehr stark situations- und personenabhän gig und kann nicht für alle Regierungen angewendet werden. Der Bundespräsident ist im Gegen satz zum Bundeskanzler hauptsächlich mit repräsentativen und bürokratischen Kompetenzen aus gestattet. Insgesamt kann man aufgrund des Machtgefüges und der Interdependenzen der Organe erkennen, dass in Deutschland eine Mischform aus Mehrheits- und Verhandlungsdemokratie vor liegt und die Regierung auf Koordination und Kooperation mit der parlamentarischen Opposition angewiesen ist. Die relative Stabilität der bisherigen Regierungen indiziert die hohe Performanz des deutschen Systems vor, während und nach Bundestagswahlen.

Die Politik im Bundesstaat ist Thema im achten Kapitel; die Hauptmerkmale des deutschen Föderalismus sind Polyzentrismus, Fragmentierung und Politikverflechtung, welche allerdings erst im vierten Teil direkt in den Vordergrund gerückt werden, nachdem der Stellenwert der Bundesländer auf Länder- und Bundesebene hinsichtlich ihrer Mitwirkungsrechte bei der Gesetzgebung und anderen politischen Angelegenheiten erläutert wurde. Das wichtigste Ergebnis dieser Darstellungen ist die Exekutivlastigkeit des deutschen Föderalismus, die darauf gründet, dass im Bundesrat lediglich die Regierungen der Bundesländer vertreten sind. Ferner ist sowohl die horizontale als auch die vertikale Fragmentierung und Verflechtung der Entscheidungskompetenzen stark ausgeprägt; die Liste der Institutionen mit Eigenverwaltung reicht von Gemeinden über Kommunen, Länder und den Bund bis hin zur Europäischen Union (vertikal); die Existenz von je einem Innen-, Finanz-, Justiz-, Wissenschafts- und Wirtschaftsministerium in Bund und den 16 Ländern indiziert die hohe Fragmentierung der Exekutiven (horizontal). Die aus diesen Strukturmerkmalen resultierende Meinungsvielfalt führt zwangsläufig zu aufwendigen Abstimmungen zwischen Bund und Ländern, sofern dies nötig ist – beispielsweise bei Gesetzesentwürfen, die der konkurrierenden Gesetzgebung unterliegen und folglich auch der Zustimmung von zwei Dritteln des Bundesrats bedürfen. Summa summarum zeichnet sich der deutsche Föderalismus im Kern durch eine weit vorangeschrittene Politikverflechtung, Exekutivlastigkeit und die Umverteilungsmechanismen zwischen finanzstarken und finanzschwachen Ländern aus, allerdings bringt der Autor diese Form nicht auf einen bestimmten Namen, sondern merkt lediglich an, dass sich der deutsche Bundesstaat stark vom „Lehrbuchföderalismus" (Schmidt 2007:215) unterscheidet. Tatsächlich handelt es sich beim deutschen System um eine Mischform aus kooperativem und dualem Föderalismus (Sturm: 73f.).

Die Föderalismusreform 2006 ist Gegenstand des achten und letzten Teils des achten Kapitels, in dem jene dafür gelobt wird, dass sie trotz der vorher angesprochenen hohen Barrieren für große Reformen tatsächlich auf den Weg gebracht wurde, aber auch kritisiert für den Umstand, dass auch hier aufgrund des Konsenszwangs verschiedene Politikfelder unberücksichtigt blieben.

Das neunte Kapitel setzt sich mit der These vom „Regieren mit Richtern" auseinander, untersucht hierfür die verfassungspolitischen Grundlagen, Institutionen und Strukturmerkmale in Deutschland sowie die herausragende Stellung des Bundesverfassungsgerichts, um zu dem Ergebnis zu kommen, dass Juristen – insbesondere die Bundesverfassungsrichter – zwar eine sehr starke Stellung im Regierungsbetrieb der Bundesrepublik einnehmen, allerdings nicht dominieren. Die ausgeprägte Rolle der Justiz ist nur ein weiterer Indikator für die erfolgreiche und konsequente Gewaltenteilung hierzulande, während sich die Legislative und Exekutive insgesamt im Gleichgewicht mit der Judikative befinden.

Im zehnten Kapitel analysiert Manfred Schmidt die politische Führungsschicht. Zusammenfassend wird untersucht, wer wie wann mit wem für wen regiert(e). Das Ergebnis ist die insgesamt prodemokratische und zufriedene Sicht aller Bevölkerungsschichten.

Kapitel elf stellt eine Auswertung der bisherigen Kapitel dar. Anhand verschiedener internationaler Forschungsergebnisse wird deutlich, dass Deutschlands Demokratie eine „geglückte Demokratie" (Schmidt 2007:268) ist, dass viele politiktheoretische Ideen bei der Konzeption der Bundesrepublik vermischt wurden, was sich als Erfolgsrezept entpuppt und schlussendlich zur „Erfolgsstory" der BRD (mit Abstrichen) beigetragen hat.

In Teil zwei werden die einzelnen Politikfelder und die Politik der Regierungen in Deutschland im Hinblick auf ihre Performanz untersucht. Schmidt unterteilt seine Analyse thematisch auf die Zeit vor und nach 1990. Die Außenpolitik der Bundesregierungen ist im Schnitt ausgezeichnet durch geglückte friedliche Konfliktregelungen und die Idee des „offenen Staates" – auch hier fällt der Begriff „Erfolgsgeschichte" (Schmidt 2007:317).

Verfassungsänderungen bedürfen Zweidrittelmehrheiten sowohl im Bundestag als auch im Bundesrat, was die Kooperation der Parteien voraussetzt – Kapitel 13 behandelt die Folgen dieser Regelung. Insgesamt kommt der Autor zu dem Ergebnis, dass die These vom „Staat der Großen Koalition" sich bewahrheitet, aber nicht unbedingt für Abhilfe bei der schleppenden Funktionstüchtigkeit gilt.

Kapitel 14 thematisiert die Staatsfinanzen und zeigt, dass aufgrund der kontinuierlich steigenden Staatsverschuldung und gleichzeitig der Staatsausgaben Deutschlands der Handlungsbedarf zur

Kostendeckung groß ist. Da aber die Barrieren zur Änderung finanzpolitischer Gesetze sehr hoc sind, ist der Handlungsspielraum der Regierungen häufig stark eingeengt, was zu unbefriedigende (Nicht-)Entscheidungen führt.

Die Wirtschaftspolitik der Bundesrepublik (Kapitel 15) wird determiniert durch drei Faktorer Staatsintervention, korporatistische Interessenvermittlung und das Grundgesetz. Die deutsch „soziale Marktwirtschaft" ist ein Mittelweg zwischen den Vorgaben der Besatzungsmächte une wird dominiert von dem Streben nach Preisstabilität, auch unter Inkaufnahme von hoher Arbeits losigkeit. Entgegen der Annahmen parteipolitischer Ausrichtungen ergeben sich im Geschichtsver lauf drei Anomalien, die vom Autor im Folgenden behandelt werden, um schließlich die Sozialpoli tik zu thematisieren.

Die Sozialpolitik, größter Ausgabenfaktor des Gesamthaushalts, wird im 16. Kapitel unter die Lu pe genommen. Der hohe Level an Sozialstaatlichkeit ist auch im internationalen Vergleich bemer kenswert. Insgesamt stuft Manfred Schmidt die Wirkungen der Sozialpolitik als krisenfest und all gemein akzeptiert ein, während aber auch beträchtliche Ungleichgewichte produziert werden.

Kapitel 17 untersucht die Umweltpolitik im Laufe der Geschichte, die der Autor insgesamt als „Spätzünder", doch später als „Vorreiterland zumindest im EU-Maßstab" (Schmidt 2007:438) bewertet.

Das folgende Kapitel hat „die Politik des mittleren Weges" (Schmidt 2007:443ff.) zum Gegenstand. Der „mittlere Weg" ist eine Mischform aus nordeuropäischem Wohlfahrtskapitalismus und liberalem Kapitalismus. Die Strategie lieferte bis 1990 Deutschlands durchweg positive Bilanzen, d.h. Preisstabilität, hohen Beschäftigungsgrad und volle Staatskassen, wurde dann aber durch ein schlagartiges Hochschnellen der Staatsausgaben infolge der Wiedervereinigung fragil und geriet nach und nach ins Schwanken. Speziell die fortan auch im internationalen Vergleich hohe Arbeitslosigkeit kritisiert der Autor, allerdings kann man hier einwenden, dass in diesem Punkt große Erfolge erst nach Redaktionsschluss (Oktober 2006) verzeichnet werden konnten. Trotz der gestiegenen Kosten verharrt die Politik dennoch auf dem „mittleren Weg", was Schmidt auf das Phänomen der Pfadabhängigkeit der deutschen Politik sowie die Angst der Parteien vor möglichem Wählerstimmenverlust infolge eines Kurswechsels zurückführt.

Der letzte Teil (Kapitel 19) bilanziert Erfolge und Mängel des politischen Systems der Bundesrepublik Deutschland. Schmidt bescheinigt der deutschen Demokratie in der Regel hohe Produktivität, erfolgreiche Machtaufteilung und internationale Anerkennung. Abschließend verteilt Schmidt

Schulnoten für verschiedene Bereiche der Politik, was – wenn auch anschaulich – lächerlich wirkt und angesichts eines fehlenden internationalen „Klassendurchschnitts" wenig sinnvoll erscheint.

Fazit

Alles in Allem kann man sagen, dass das vorliegende Werk sich sehr gut als Einführungswerk eignet. Seinem Anspruch, einem breit gefächerten Publikum zugute zu kommen, wird es daher allemal gerecht. Schmidts Schreibstil ist zwar einfach, sodass jeder Leser den Text verstehen dürfte, erfasst aber die Komplexität der verschiedenen Teilbereiche durchaus befriedigend. Die Argumentation verläuft hauptsächlich empirisch und theoretisch, die grafischen Darstellungen in Form der acht Tabellen liefern zwar einen guten Überblick, sind aber im Verhältnis zum Gesamtumfang sehr dürftig – normative Elemente sind sehr rar. Letzteres und die große Zahl der Quellenangaben verleiht der Abhandlung Authentizität und weitgehende Objektivität.

Leider beinhaltet die Arbeit nicht mehr die Auswirkungen der Föderalismusreform, man darf daher auf eine aktualisierte Auflage hoffen. Außerdem fehlt trotz der insgesamt sehr ausführlichen Auseinandersetzung mit den Politikfeldern die Migrationspolitik, was angesichts der immanenten Auswirkungen insbesondere dieses Politikfeldes in den 1950er bis 1960er Jahren auf die Gesellschaft verwundert.

Literaturverzeichnis:

2578 Wörter

SCHMIDT, Manfred G. 2007: Das politische System Deutschlands. Institutionen, Willensbildung und Politikfelder, München: Verlag C. H. Beck oHG

STURM, Roland 2007: Föderalismus, in: Fuchs, Dieter / Roller, Edeltraud (Hg.), Lexikon Politik. Hundert Grundbegriffe, Stuttgart: Philipp Reclam jun., 72 ff.

(inkl. Klammern, exkl.